LA POLITIQUE
ROYALISTE
A L'ÉGARD
DE LA PÉNINSULE.

AF727842

On trouve aussi à la même adresse :

Le Fanatisme Anti-Catholique.
Le Vrai Sens des discours de M. Canning.

LA POLITIQUE ROYALISTE

A L'ÉGARD

DE LA PÉNINSULE.

« De quelque manière que tournent les choses, il y aura toujours quelqu'un de détrôné. » (Propos d'un ancien révolutionnaire. *Debats*, 10 décembre 1826.)

BIBLIOTHEQUE ROYALE

PARIS,

A. PIHAN DELAFOREST,

IMPRIMEUR DE M. LE DAUPHIN ET DE LA COUR DE CASSATION,

rue des Noyers, n° 37.

1827.

On ne parle que des rois. Ce sont les peuples surtout qui ont en horreur, la vérité ; et d'autant qu'ils se passionnent, elle est plus dure à entendre, comme aussi elle est plus nécessaire à dire.

La vérité se rend en deux mots :

La France et l'Angleterre, puissances dominantes sur la terre et les mers, puissances régulatrices de la paix, de la guerre, qui n'ont rien à s'envier, qui n'ont point à se craindre, et que menace un seul, un même ennemi, le temps ; en restant unies, conjurent l'orage ; en se divisant, provoquent la foudre, et sont prédestinées à se sauver ou se perdre ensemble, à sauver ou perdre avec elles la monarchie, la civilisation même.

L'Angleterre le sait.

La France voudra-t elle l'apprendre ?

AVANT-PROPOS.

CELA ressemble trop à l'histoire de ce quidam qui courait les rues et ameutait les passans, se vantant d'avoir reçu un soufflet. — Sans doute, l'ami, cela a eu des suites? — Je le crois, morbleu, ma joue a été enflée pendant huit jours.

On insulte la France ; la France est insultée, s'écrie-t-on de toutes parts. — Eh bien ! aux armes ! en avant ! marche ! feu ! Une insulte ne se lave que dans le sang.... Mais qu'est-ce donc ? Nul ne bouge ? Nul ne vocifère ni même ne soupire la guerre ? Ce sont des manières toutes nouvelles pour les gens de l'autre siècle. Chaque âge a ses modes : qui vivra s'y fera.

La France est insultée à ce qu'on dit, et la France ne sera pas vengée. Mais alors pourquoi le dire, comme à la barbe des Anglais? Pourquoi leur faire l'honneur d'une insolence dont ils ne se doutaient pas? Pourquoi leur porter l'hommage d'une patience dont ils profiteront en temps et lieu? Et après tant de fracas, faudra-t-il que nos chatouilleux esprits se montrent tout contens et tout fiers d'une correction, d'une rectification où, sauf les erreurs du sténographe, il n'y a rien de corrigé, rien de rectifié (1).

La France est insultée; mais sur quelle joue? sur quel dos? qui est-ce qui a comparu à la barre et a rempli les fonctions de prête-nom? qui est-ce qui avait procuration pour transmettre une telle déclaration de commands?

On ne peut le nier, les journaux ont droit de se plaindre de cette boutade; « les faits y sont si défigurés et représentés sous des formes tellement étranges (*curious forms*), que tout homme bien né croirait que leur dessein est de cacher l'état réel des choses. »

Et le ministère aurait tort de se glorifier de l'incartade suivante où le pronom de la suffisance, le *moi*, abonde. « J'ai rendu l'occupation onéreuse: j'ai obtenu plus qu'une compensation; j'ai appelé un nouveau monde à l'existence; j'ai redressé la balance du pouvoir. C'est ainsi que je réponds à la question sur l'occupation de l'Espagne. »

Mais que la presse et le cabinet se débattent comme il leur plaira, avec la langue ou la plume, avec le fer ou le feu, vis à vis de M. Canning; si leur fait n'est pas de notre fait, d'où vient que leur cause serait notre cause? A chacun son compte ou son mécompte.

Cependant M. Canning dit: *C'est ainsi que je réponds.* A qui répondait-il? à l'opposition, par-devant la haute cour de l'opinion. Pour qui répondait-il? pour lui et ses collè-

(1) Voir à la fin les traductions littérales du discours de M. Canning, tel qu'il a été rapporté dans les journaux, et tel qu'il a été imprimé à part. (*Gallignani*, 3 janvier.)

gues, puissances transcendantes au-delà du détroit, timides mandataires au sein de leur pays. Et il fallait répondre cathégoriquement, car c'est un des vieux us parlementaires, ou plutôt c'est comme un cas de conscience, en cette contrée lointaine.

To be or not to be, c'était toute la question. M. Canning avait à choisir ou de se démettre incontinent de son office, ou de s'exposer à déplaire sur le continent. Qui de nous eût hésité?

Or les maudits Anglais (que Dieu les damne), soit à tort ou à raison, ont de l'orgueil, ont tant d'orgueil que la provision destinée à l'espèce humaine est, ce semble, consommée en entier par eux, et que tant d'autres sont réduits à faire leur pâture de la maigre vanité.

Ne vous attendez pas qu'en leur parlant on parle comme si on vous parlait; les missives diplomatiques, quelque acerbes qu'elles puissent être, ne sont que douceurs, que fadeurs auprès des philippiques parlementaires. Ces gens-là ont l'oreille dure, peut-être la tête dure. Un ministre encroûté de politesse, qui voudrait étendre les couches de vernis, serait fort mal venu.

Toutefois, voyons s'il y a insulte, où est l'insulte, jusqu'où va l'insulte. Et d'abord lisons, car cette formalité préalable a été négligée jusqu'à cette heure : puis analisons si ces aigles d'esprit, qui fixent le soleil, et d'un regard sondent la terre en ses abîmes, daignent le permettre.

Il faut distinguer le point de fait et le point d'honneur : leurs sphères sont isolées : le point de fait ressort de la force des armes; le point d'honneur tient au hasard des paroles. Assommez un ennemi, cela ne le déshonore nullement; moquez-vous de lui, c'est un homme perdu.

Le point de fait est simple. Il plaît à la France d'envahir l'Espagne, puis d'occuper l'Espagne : et les motifs sont purs, les résultats plus purs encore, du moins quant au lucre; voilà une conscience bien en paix. Mais une conscience ne s'infiltre pas en la conscience voisine ; l'intention mentale est difficile à tirer au clair. C'est un pas qui peut mener plus loin qu'on ne pense ; c'est un acte qui diverge fort des lieux communs de la diplomatie : l'Angleterre a intérêt, a peut-être droit de s'y opposer.

L'Angleterre reste les bras croisés : apparemment qu'elle répugne à la guerre et préfère suivre d'autres voies. Eh bien, il y aura des batailles de moins, des désastres de moins : est-ce là ce qu'on regrette? Du reste, le résultat est le même : la guerre n'aurait pas enfanté un traité différent et son texte est brief : la France a fait sa part; l'Angleterre fait sa part. Où donc est l'insulte?

L'Espagne est livrée corps et biens à la France; il faut énerver l'Espagne : l'Espagne en recouvrant ses colonies, les tiendrait en fief de la France; il faut émanciper l'Amérique. La balance du pouvoir est faussée; il faut la redresser. Grotius, Puffendorf, Burlamaqui en ont donné le conseil; Vergennes en donna l'exemple.

Ensuite se présente le point d'honneur ; ce point de nature fantastique et vaporeuse qui ne manqua jamais de resplendir aux regards enflammés de la passion, qui ne manqua jamais de s'évanouir et s'éteindre sous les épaisses ombres de l'intérêt. Et qu'on daigne observer que l'Angleterre, comme tous les États, est à la fois susceptible et cupide, irritable et dissimulée, est de même disposée à confondre l'honneur avec le profit, à couvrir d'une feinte colère les complots de l'ambition.

C'est le pape Ganganelli qui l'a dit : *Tutte il mondo, e fatto cuome la nostra famiglia.*

Or quant au point d'honneur, l'Angleterre a subi le premier échec. Je n'entends pas nier, s'écrie M. Canning, que la guerre d'Espagne portait un coup violent aux sentimens de la Grande-Bretagne, qu'elle était une honte, un déshonneur, un opprobre (*disparagement*) pour ce pays.

L'Angleterre a été insultée grièvement, matériellement, car c'est par un acte médité et non par des phrases échappées : l'Angleterre a reçu un soufflet ; n'aura-t-il d'autre suite que d'enfler une joue, de faire rougir un front ?

Que fait l'Angleterre ? elle se tait ainsi qu'Othello, couvant au secret de sa pensée, combinant avec les forces de son génie quelque réparation complète, certaine. Et elle ne va pas, se vantant d'une insulte, prôner son déshonneur, afficher son affront.

Elle se tait, puis elle se venge, ou plutôt elle se récupère ; car le point d'honneur du spadassin la touche bien moins que le point de fait, que le point attenant à la balance du pouvoir, qu'il lui est imposé par la suprême loi de son salut, de rétablir en sa teneur primitive, au moyen d'une compensation équivalente.

Et les représailles ne sont-elles pas de toute justice ? La loi du talion n'est-elle pas la loi de nature, la loi fondamentale de toutes les prescriptions civiles, de toutes les transactions politiques.

Maintenant les deux nations sont au pair, quant au

point d'honneur, quant au point de fait, et n'ont point à se plaindre, n'ont rien à craindre l'une de l'autre. Plairait-il à la France de sortir de cet ordre de choses, de rompre cette sorte de *statu quo?* Qu'elle jette le gant! Le premier n'est pas resté à terre.

Aux confins du monde civilisé, sur une langue de terre isolée, il existe un peuple brave, fidèle et pieux, jadis vainqueur des Maures et dominateur des Indes, ensuite perdu dans l'oubli et naguères se relevant en sa gloire première ; l'Europe le tient pour étranger, l'Espagne le traite en rival, en ennemi, et l'Angleterre, jointe à lui par les mers, unie à lui par une alliance immémoriale, prête la force à ses droits, le fournit en ses besoins, le rembourse de ses travaux, lui donne à vivre; œuvre qui lui profite à elle-même, tâche qu'elle est seule en état de remplir.

Jean VI, roi de Portugal, meurt le 10 mars 1826, après avoir institué par un acte du 6, selon les lois du royaume, sa fille dona Isabella pour régente pendant sa maladie et en cas de décès, jusqu'à ce que l'héritier légitime de cette couronne eût donné des ordres à ce sujet.

Or, les temps étant venus où les colonies se trouvaient en force pour rompre leurs liens, lors de la reconnaissance du Brésil, il avait été convenu que les deux couronnes ne pourraient plus être réunies sur la même tête; mais cette clause du traité ne contenait point une renonciation absolue de la part de don Pèdre, et, suivant son sens littéral, don Pèdre conservait l'option entre les deux trônes, pouvant ainsi conférer le sceptre dont il ne voudrait pas à l'un de ses enfans. Ainsi pensaient les Portugais.

En Espagne, on craignait seulement que les divisions qui affligeaient depuis dix-huit ans la maison de Bragance n'y retentissent encore, et que le parti du roi Jean et celui de la reine, toujours en discorde, voulussent profiter de l'absence du roi héréditaire, l'un pour conserver le pouvoir, l'autre pour s'en emparer, et tous les deux pour mêler dans leur querelle le roi d'Espagne, depuis long-temps inquiété par des intrigues venues de Lisbonne, et quelquefois victime des menées de ses voisins.

Tels étaient les faits reconnus et les propres termes employés dans ces temps par les opinions les plus prononcées, et, pendant plus de trois mois, sauf quelques légères insurrections, la paix ne fut point troublée en Portugal, les droits de don Pèdre n'y furent nullement contestés.

Cependant don Pèdre, instruit du décès de son père, après avoir prorogé les pouvoirs de la régente, déclare de sa pleine volonté abdiquer et céder tous ses droits à sa fille dona Maria, en la donnant en mariage à son frère don Miguel, comme s'il ne songeait qu'à concilier enfin les deux partis du roi et de la reine, par la transaction la plus juste et la plus sage qu'ait encore présentée l'histoire.

Mais le trône du Brésil est vacillant : au dehors, pressé et froissé par les chocs redoublés de la barbarie instituée en république ; au dedans, harcélé et menacé par des castes ennemies, impossibles à rallier et difficiles à dompter. Don Pèdre ne se sent pas le courage de faire face aux périls ; il avait dissous en 1823 l'assemblée constituante du Brésil, il concède à ce pays en 1826 une constitution tout-à-fait démocratique.

Et comme un caprice peut détruire cet ordre légal, ainsi qu'un caprice l'a déja détruit, il faut que don Pèdre fasse ses preuves, qu'il donne des garanties de sa conversion, qu'il s'enchaîne lui-même par un nouvel engagement ; enfin, qu'il octroie une charte au Portugal en même temps qu'il cède la couronne à sa fille.

Il suffit de donner un coup-d'œil au discours d'ouverture des Chambres Brésiliennes, pour être frappé de la contrainte qu'il éprouvait et des motifs qui l'ont déterminé.

« Me trouvant subitement roi légitime du Portugal..... je vis l'intérêt du Brésil, je me souvins de ma parole donnée, je crus devoir rendre le Portugal heureux.... J'ai confirmé la régente, j'ai accordé une amnistie, j'ai donné une constitution, j'ai abdiqué et cédé tous mes droits à ma fille. »

Ainsi fut conçue la charte Portugaise que don Pèdre accorde en 1826, comme en accomplissement des paroles de son père en 1824, et par malheur trop en contradiction avec leur esprit; à laquelle l'Angleterre aurait dû s'opposer, de même qu'elle aurait dû presser l'acte annoncé par Jean VI, autant dans l'intérêt de son pouvoir, que dans l'intérêt de la paix; par laquelle, la confusion la plus funeste a été jetée dans les têtes royalistes, à l'égard des principes tutélaires de la légitimité; et contre laquelle, au lieu de prendre des moyens licites, il n'a été employé que la voie déplorable de l'insurrection (1).

Le calme régnait en Portugal : la charte apparaît et le pays est en feu. C'est donc au sujet de la charte qu'on s'insurge : c'est contre la charte qu'on se bat.

Et dans l'intérêt du Portugal, cette entreprise,

---

(1) « Je ne reconnaîtrai jamais à des soldats le droit de faire et de défaire des institutions politiques, de proclamer et détrôner des rois. » (Discours d'un noble pair. *Quotidienne* du 27 décembre.)

bien que couronnée par le succès, ne promet point de parvenir à des fins solides et durables; car le pays est divisé d'opinions, la partie riche tendant aux idées de liberté, et la partie pauvre tenant à ses vieux usages; car l'Angleterre et l'Espagne, ainsi appelées, et mises en présence au cœur même du royaume, en feraient le théâtre des troubles et de la guerre.

Dans l'intérêt de l'Espagne, l'entreprise ne s'appuie sur aucun motif réel; car cette contrée, où suivant M. Canning il existe une haine indomptable contre les institutions libres, n'a rien à craindre que d'une guerre étrangère, bientôt suivie de la guerre civile; car la France et l'Angleterre sont là pour maintenir en paix les deux États voisins, ainsi qu'elles l'ont fait depuis plus de cent ans, tant que la paix a persisté entre elles-mêmes.

Mais en toute guerre, il y a un manifeste obligé : et le manifeste sera plus fatal que la guerre; les argumens feront plus de mal que les canons. Quelques gouttes d'encre doivent se transformer en flots de sang.

Dans le droit actuel de l'Europe, toute charte octroyée par le trône impose la loi au dedans, obtient la foi au dehors : autrement, comme il faut que le droit réside quelque part, les peuples s'en saisiraient; et comme il faudrait apprécier l'acte en lui-même, les peuples jugeraient.

Aussi le manifeste est forcé de prendre les choses de plus haut, de discuter les droits personnels ; pour rendre la charte illégale, il se charge de rendre le prince illégitime.

Et là, est le désastre ; c'est reprendre les doctrines de la ligue ; c'est sanctionner la révolution d'Angleterre ; c'est proclamer la souveraineté du peuple, car enfin, quand un tel débat s'ouvre, le peuple a plus de droit à prononcer qu'un parti quelconque.

On ignore donc jusqu'à quel point le dogme de la légitimité est de nature délicate, et comment les racines qu'il a jetées dans les esprits sont encore fragiles : on ignore quels coups lui ont déja été portés par les abdications en Espagne et en Russie, car tout l'affecte, tout l'ébranle : et sur un tel point, sur ce seul point, devrait régner l'absolu.

Vous consacrez le dogme en théorie, et vous le contestez dans la pratique. Que demandent de plus ses ennemis ? Le fait leur importe bien autrement que le droit : ils s'accordent pleinement avec vous sur le mode ; et après vous, ils n'aspirent qu'à se mettre à l'œuvre. La besogne ira vite.

Ainsi dans la fable de l'homme entre deux âges :

> La vieille à tous momens de sa part emportait
> Un peu de poil noir qui restait.
>
> . . . .
>
> La jeune saccageait les poils blancs à son tour.

Mais la passion ne regarde ni à droite ni à gauche, ni en avant ni en arrière : et l'œil fermé, le bras tendu, elle marche, elle frappe, elle tue, ennemi ou ami.

Or la passion a toujours le talent à son service : à force d'art, à l'aide du temps, on fera effet. Enfin, du point de droit le plus simple, le plus clair, qui fut reconnu d'emblée par les cabinets de l'Europe et par les peuples du Portugal, on aura réussi à faire une question.

Eh! disent nos casuistes, les cabinets et les peuples n'entendent rien en cette matière ; car voici que les Cortès de Lamego ont dit telles choses, et que les dernières Cortès, en 1641, ont redit à peu près mêmes choses ; d'où il suit que don Pèdre n'a point hérité de la couronne de Portugal, et n'était point en droit de l'abdiquer en faveur de sa fille, à moins qu'au préalable il n'eût abdiqué aussi celle du Brésil.

Et de plus, voilà que les lois fondamentales de chaque Etat ne peuvent être abrogées ou altérées, ni par le peuple souverain, ni par le roi absolu, étant immuables en leur essence ; d'où il suit que don Pèdre, même en le supposant roi légitime, aurait erré en suivant les erremens de Louis XVIII, qui n'a pas erré ; d'où il suit, qu'à l'égard de sa charte, il est permis ou plutôt enjoint à tous ses loyaux sujets de prendre les armes, et lui courir sus, comme à son fidèle allié et voisin, d'offrir asile et prêter aide auxdits sujets, afin de les mettre en état de remplir dignement leur charge.

Ainsi la plume a serré le nœud, et l'épée va le trancher.

Suivant un vieux dicton, le soldat ne doit qu'obéir : c'est bon à dire quand on n'a rien de mieux à faire. Déja le 14 juillet lui a donné un fameux démenti, et ce sont de grands maîtres que les révolutionnaires; il faut suivre leur exemple.

La question est mise à l'ordre du jour dans l'armée portugaise : « Don Pèdre, fils de son père, frère aîné de son frère cadet, est-il ou n'est-il pas roi du Portugal? Que ceux qui sont pour l'affirmative ne bougent; que ceux qui sont pour la négative sortent des rangs. »

Mais n'est-ce pas ainsi qu'à Cadix et à Lisbonne, à Naples et à Turin, les baïonnettes se mirent à délibérer, et, après avoir recueilli les votes, se hâtèrent d'exécuter l'arrêt en sa forme et teneur, fonctionnant tour à tour en qualité de jury, de juge et d'huissier?

Or lesdites baïonnettes, bien qu'elles aient pu errer dans leurs votes, étaient investies du droit de voter, c'est vous qui le dites : et elles en sont encore investies; elles l'exerceront encore, en peu de jours peut-être, dans un autre dessein sans doute; car les argumens ne manquent jamais aux passions politiques, et le parti qui manie le mieux cette sorte d'armes n'est pas le vôtre.

Il est donc des gens qui sont nés d'hier, puisqu'ils ne savent rien, des gens qui meurent demain, puisqu'ils ne prévoient rien. Nous entrons dans une ère nouvelle, et Dieu garde de croire que ce soit une ère de faveur et de garantie pour les trônes, pour les autels.

D'une part, les sujets sont devenus des citoyens: et, depuis qu'ils sont citoyens, ils ont été faits conscrits, et, quoiqu'ils soient conscrits, ils restent citoyens. Or, ayant le droit de cité, ils sont tentés d'user de ce droit; et, n'étant en rapport avec la cité que par la loi de conscription, ils tiennent peu au salut de la cité. De plus, les citoyens conscrits respirent, sentent et vivent côte à côte, pêle-mêle, avec les citoyens non conscrits; parmi les uns et les autres, il n'y a qu'une ame, qu'un esprit; ce sont les mêmes sens; tout est commun et mutuel. Si le peuple est aliéné, l'armée l'est aussi; s'il crie à haute voix, elle parle à voix basse: c'est la poudre fulminante qui éclate au moindre froissement

D'autre part, l'esprit démocratique s'est efféminé dans les délices de Capoue, s'est civilisé et policé; en richesses, en talens, en manières, il garde le pair. Et chaque naissance lui fournit un recru, chaque décès le délivre d'un adversaire.

Il attend donc ; il se garde de livrer des destinées trop certaines aux hasards d'une crise populaire ; l'armée lui offre une matière plus maniable ; en frappant à propos, il n'y a qu'un coup à frapper, et après le triomphe, quelque guerre l'en débarrassera.

Nous entrons dans l'ère des révolutions militaires, et c'est sous de tels présages qu'a été provoquée cette insurrection armée, dont les revers porteraient à l'opinion libérale un surcroît de haine et de puissance, dont les succès exposeraient la cause royaliste à une nouvelle série de périls, en légalisant les levées de boucliers.

Il n'y a plus d'huile dans la lampe, disait un vieillard de l'antiquité. Mais la société ne vieillit-elle pas ainsi que l'homme ? N'est-elle pas parvenue à un âge où, pour éteindre la flamme déja tremblante de la vie, il ne faut qu'un souffle ?

Les insurgés portugais ont grandement erré en principe et se sont également trompés à l'égard des chances.

C'était une pensée absurde (1) d'établir que les Anglais avaient forcé don Pèdre, avaient dicté la charte et venaient l'imposer au Portugal; car don Pèdre ne s'est jamais montré d'un caractère facile, et, dans ce moment même, refuse leur médiation vis à vis de Buénos-Ayres; car ils auraient plutôt compromis que fortifié leur ascendant immémorial dans ce pays, en y fondant un parlement représentatif nécessairement susceptible, présomptueux et opiniâtre.

Telle était cependant la pensée des insurgés,

(1) J'aime peut-être mieux la charte portugaise que les ministres anglais eux-mêmes qui en parlent presque dérisoirement, et qui ont cru devoir rappeler sir Charles Stuart de sa mission pour avoir convoyé cette charte à Lisbonne. (Discours d'un noble pair. *Quotidienne*, 27 décembre.)

et, partant de là, l'esprit de haine et de vengeance les a emportés, tandis qu'au contraire l'esprit de sagesse et de patience aurait dû les retenir. On peut haïr, détester, abhorrer l'Angleterre ; des causes diverses y excitent, et nul motif n'engage à se réprimer ; il semble même que cette tâche dévolue à tant de peuples s'accomplit maintenant à titre de devoir, et que la conscience a pris la charge de venger les injures subies par la vanité.

Mais on doit se taire et se borner à une haine mentale, du moins dans la position du Portugal, attendu que ses colonies sont sous la main de l'Angleterre, que son commerce d'aller et de retour attend d'elle un moteur, et que la réciprocité des besoins ne se rencontrerait chez aucune autre puissance ; attendu qu'un triomphe obtenu pendant la neutralité de cet Etat, ou même par des victoires remportées contre ses armées, laisserait le Portugal sous la nécessité alors humiliante de mendier de nouveau son alliance, et, par conséquent, de se soumettre à ses volontés.

Et certes, rien ne donnait lieu de supposer que la France et l'Angleterre dussent prendre en considération certaines argumentations longuement débattues sur la question du *casus fœderis*, dans lesquelles se manifeste une confusion parfaite entre les notions si simples, si distinctes de l'alliance défensive et de l'alliance offensive.

Première argumentation.—Il y a alliance défensive entre la France et l'Espagne. — Or, l'Espagne fait attaquer ou laisse attaquer le Portugal par des corps d'insurgés accueillis et réunis, armés et organisés sur son territoire, se plaçant ainsi dans la même situation où se mettrait la France en faisant où laissant envahir l'Irlande par une troupe de réfugiés rassemblés sur ses côtes. — Mais il n'importe ; si le Portugal déclare la guerre par représailles, la France doit soutenir l'Espagne. — En sorte que, d'un trait de plume, l'alliance défensive est changée en alliance offensive.

Seconde argumentation. — Il y a alliance défensive entre l'Angleterre et le Portugal. — Or, en Portugal, le trône, cet escabeau de bois recouvert d'un riche velours qui tremblait sous le poids de l'usurpateur, est l'antique siège d'or massif qu'occupe depuis deux cents ans la même dynastie, et que céda naguères l'héritier légitime à son héritière légitime ; et ce trône est menacé par une armée d'insurgés mise en bataille sur un sol étranger. — Mais il n'importe ; l'Angleterre n'est pas en devoir, n'est pas en droit de venir à son secours. — En sorte que l'alliance défensive est réduite à la neutralité.

Tels sont cependant les raisonnemens sophistiques, d'abord soutenus en forme de thèses, puis adoptés pour règles de pratique, qui, prétendant substituer un nouveau droit des gens aux vieilles

BIBLIOTHÈQUE ROYALE

lois des cabinets, et soumettre au joug d'une idée fantastique la science toute positive, toute réelle de la diplomatie, ont malheureusement exercé une telle influence sur les insurgés du Portugal, qu'avant de se précipiter dans la plus téméraire entreprise, dont le résultat, quelqu'il soit, doit compromettre le repos de ce royaume et peut-être la paix de l'Europe, leur esprit ne s'est point arrêté sur la balance des forces belligérantes, et s'est totalement abstenu de calculer les chances de l'attaque et de la résistance.

Ainsi survient le malheur; et quand ses coups ont atteint, on ne sait que se plaindre de la méchanceté des hommes ou de la fatalité des évènemens, tandis qu'on devrait plutôt se repentir de tant d'emportement, de tant d'aveuglement.

Quel secours pouvait-on obtenir de l'Espagne? Rien que des cris impuissans, que des vœux stériles. Elle tient ses colonies sous le bon plaisir de l'Angleterre; elle conserve son repos intérieur sous l'égide de la paix. « Laisser Mina se jeter au milieu de la lutte! Mais la plus affreuse calamité qui pourrait désoler un pays, serait une bagatelle en comparaison de celle-là. » C'est M. Canning qui l'a dit; et c'est le prompt succès, la longue durée des Cortès qui démontre la vérité de ses paroles. On est forcé de l'avouer, quoi qu'il en coûte; l'Espagne s'est usée dans sa glorieuse guerre contre Bonaparte ; l'Espagne n'est plus. La loi commune à tous les peuples ne l'a pas respectée : les sociétés ont leur époque de verve et d'énergie ; bientôt, ce qu'il y a d'hommes généreux et ardents périt ; et les faibles, les lâches, les sages restent seuls. Désormais les fastes de la nation ne marqueront plus que sur les tablettes de la chronologie.

Quel aide pouvait-on espérer de la France. Ses colonies soumises à la même condition, méritent à peine qu'on en fasse mention. Mais faut-il jeter un morne regard sur son état intérieur ? Faut-il revéler à ces gens qui manœuvrent si lestement à l'abri d'un calme plat, comment ils mettraient à la cape et se cacheraient à fond de cale au premier souffle de l'orage. Hélas ! sur le sol de la patrie, combien de Mina existent au moins en germe, et combien d'auxiliaires naissent et grandissent chaque jour, tout prêts à passer à leur service ? Le 14 juillet, le 20 mars, au milieu des ténèbres les plus épaisses de la sécurité, n'ont-ils pas percé, répandant une lumière tardive, une lumière éteinte trop tôt ? Peut-être, rien que l'occasion manque : et l'occasion se rencontre à la suite d'un échec, à l'aspect d'un péril, par fois même, à l'appel du triomphe. L'occasion dispose en souveraine des destinées de ce triste monde.

Faut-il rappeler à la mémoire, dont les traces s'effacent si vite dans l'état de trouble des imaginations, ces discours de toute vérité qu'ont prononcés tant d'orateurs et que n'a point démentis le ministère, sur le dénuement général du matériel de l'armée, qui fut trop constaté à l'ouverture de la guerre d'Espagne ; sur le défaut d'entretien des places fortes, qui pendant vingt ans ont été abandonnées et depuis dix ans sont à peine préservées de la ruine ; sur l'état de l'armée française, brave et fidèle sans doute, mais si faible en nombre, en esprit de corps, en expérience ; si peu rétribuée et si souvent tourmentée ; enfin, car c'est un devoir de tout dire, sur cette fatalité doublement désastreuse qui donna la naissance et donna la publicité au marché, au procès Ouvrard, jetant ainsi les plus effrayantes clartés, non pas à nos yeux que tient fermés un orgueil puéril, mais à ceux de nos adversaires dont le regard inquiet les saisit avidement.

D'ailleurs, la position actuelle de la France et de l'Espagne, bien qu'on ne veuille pas l'entendre, réduit les moyens et accroît les dangers de l'une et de l'autre prise à part, en même temps qu'elle s'oppose à toute union franche, à toute action commune entre elles.

Ne parlons point de la guerre ; mais ses suites existent et persistent : la guerre a amené l'occupation amicale, mot nouveau comme la chose est nouvelle, mode depuis peu inventée, qui, de même que toutes les modes, aura d'abord un but utile, et bientôt s'altérera, se dénaturera, ne gardera plus aucun trait de son type primitif.

La Providence semblait tenir en réserve pour le salut de la France la faveur encore inouïe de l'occupation amicale. Après la longue effervescence de tous les élémens sociaux, l'emploi de la force de compression se montre indispensable; et, tandis que les sables mouvans de l'opinion se raffermissent comme sous le rouleau du cultivateur, survient le pouvoir fécondant de la race de Saint Louis, qui sème le grain, sarcle l'ivraie, défend les récoltes et hâte leur maturité.

Le miracle ne doit pas renaître : on verra les suites de l'occupation de Naples, et on voit les effets de l'occupation d'Espagne. Ces sortes de mesures sont entachées, sauf quelques exceptions, d'un vice radical : d'une part, le prince se repose, s'endort sur le magique coussin qui est passé comme dessous lui; de l'autre, le peuple s'aigrit et s'irrite en silence contre ce fardeau qui entrave ses mouvemens, consume ses forces et fait pâlir son front.

Mais il n'est question que de l'Espagne. Certes l'occupation est amicale et presque servile : elle défend le trône sans le dominer, elle couvre un parti de son égide, sans imposer des chaînes à l'autre. Eh bien ! Tout va de mal en pis, et quant au gouvernement, et quant à l'esprit public : il faut reconnaître qu'un des partis se délivre de jour en jour du frein de l'obéissance et des entraves de la prudence, tandis que le noyau du parti adverse s'accroît et se fortifie sans cesse de tous les élémens froissés par tant de coups, repoussés hors de l'orbite social, dispersés par l'irrégularité des mouvemens.

L'Espagne est moins forte et moins unie que jamais : elle n'est forte qu'en haine ; elle n'est unie qu'en esprit de vengeance : et le point de mire commun, c'est la France. D'un côté, on voit les constitutionnels qui frémissent encore de l'invasion et rougissent de la protection; de l'autre, les royalistes dont les mécomptes successifs retombent à la charge de leurs auxiliaires.

Et que dire de l'armée française, qui perçant dans le pays, presque sans résistance, presque sans assistance, dispensa ses mépris en égale et juste proportion, qui est fatiguée par des privations inconnues dans ses foyers, qui est choquée et rebutée par le ton et les manières de la classe pour laquelle et près de laquelle il faudrait combattre.

Si jamais on tentait de rallier et rassembler les armées d'Espagne et de France, qu'on n'oublie pas d'inscrire sur leurs drapeaux ces deux devises : pour l'une, *que veulent-ils?* pour l'autre, *que faisons-nous?* Et que l'ennemi tremble!

Or voilà ce que pouvaient faire la France et l'Espagne isolées ou réunies, et voici ce que peut faire l'Angleterre.

Un noble pair l'a dit dans le comité secret, suivant le rapport d'un journal, et s'il ne l'a pas dit, il l'a pensé, car c'est un homme d'Etat. « Quand les forces morales sont réunies aux forces matérielles, c'est alors qu'une nation marche comme un seul homme et rend son gouvernement invincible. » Tel est le secret de l'Angleterre; là est son adresse, son génie; là est sa fortune, sa gloire. Et hors de là, qu'y a-t-il? Nous le voyons trop; cette morne haine, cette âpre colère, dont les crises sont parfois si violentes, ne décèlent qu'un sentiment de jalousie, qu'un instinct confus de honte.

Trop chère France, pourquoi faut-il qu'au lieu de chercher à t'inspirer un véritable esprit national, les courtisans de ta faveur ne s'occupent qu'à te bercer de mille contes, à t'entretenir dans les plus vains rêves! Ici, ce sont cinq millions de catholiques opprimés, qu'on est obligé de contenir *par un camp permanent*, et qui apparemment furent contraints, par acte du parlement, à se battre pendant vingt ans pour la mère patrie, à promener d'un pôle à l'autre ses bannières triomphantes; là, ce sont des populations ouvrières qui manquent de pain, *qu'on est dans la dure né-*

cessité de faire fusiller tous les ans, apparemment avec des balles de coton, ou peut-être par une décharge générale de ces troncs de charité, dans lesquels s'engouffrent les deux cents millions de la taxe des pauvres.

Et bientôt on t'apprendra que, dans une guerre maritime, tu n'as jamais *à perdre que deux ou trois rochers dans deux océans*, et que tes cent cinquante vaisseaux armés et dispersés feraient plus de mal à l'immense commerce de l'Angleterre, que toutes ses flottes n'en pourraient faire à ton commerce trop borné; que l'Angleterre n'a plus rien à prendre en Espagne à un peuple dépouillé, *si ce n'est son dernier manteau*; que, pour s'emparer de Cuba, il lui faudrait forcer la ligne d'embossage des deux vaisseaux de ligne américains, et qu'en tous cas le Portugal, dont *les Anglais n'auraient plus pour eux les populations*, ne manquerait pas de tomber dans tes mains, fort à propos sans doute, pour compenser justement la perte des colonies françaises, espagnoles et portugaises, au moyen de ses oranges douces et de ses vins capiteux.

Mais laissons le romantique et revenons au classique.

L'Angleterre marche comme un seul homme : c'est l'hydre à mille queues, si l'on veut, mais c'est l'hydre à une seule tête ; on connaît trop ses faits et gestes, on méconnaît leur principe, leur cause.

Ces Irlandais indignement régis par des lois du seizième siècle, ces ouvriers exposés à des crises périodiques de misère, restent néanmoins Anglais de cœur et d'esprit, Anglais en partage d'honneur et de gloire, Anglais en alliance d'intérêts et de mœurs. Tout malheureux qu'ils sont sous certains rapports, quelle est la puissance qui garantirait aux uns un ordre social, un repos certain, une existence satisfaisante? Quelle est la révolution qui léguerait aux autres un pareil marché dans l'intérieur, un tel commerce autour du globe? Et ces choses sont universellement senties; car dans toute la Grande-Bretagne il existe un discernement inconnu ailleurs, une diffusion générale de connaissances; il existe une sorte de hiérarchie volontaire, de clientelle morale entre les diverses classes. Dans quelqu'accès de douleur, vous verrez une tourbe égarée se jeter au-devant du canon, sous les pieds des chevaux; attendez un instant, et vous la verrez, effrayée de la résistance, calmée par des influences amicales, se dissoudre soudain et rentrer tranquille dans ses foyers.

L'Angleterre ne craint rien au dedans et ne craint rien au dehors. Cette citadelle, à qui les mers servent de fossés, et dont les batteries foudroyantes sillonnent l'océan, contient un peuple immense parce qu'il est uni, formidable parce qu'il est dévoué; un peuple disposé, prédestiné à s'ensevelir sous ses ruines, à disputer à l'ennemi jusqu'à la moindre dépouille. Et ce peuple a fait ses preuves dans les dernières guerres, où ce semble à deux doigts de sa perte, il se ranimait au lieu de se décourager, et rencontrait dans l'absence des moyens accoutumés, une foule de ressources nouvelles et suffisantes.

C'est ainsi que l'Angleterre a réussi depuis cent ans à sortir de ses guerres, toujours par la porte du triomphe, toujours avec une compensation équivalente aux pertes : tantôt dans la guerre d'Amérique, répartissant entre la France et l'Espagne la perception d'une indemnité à raison de la séparation des États-Unis, laquelle, par parenthèse, ne lui a porté aucun préjudice; tantôt dans la guerre de la révolution, infligeant une contribution en proportion de ses dépenses, avec la justice la plus modérée à l'égard de la France, avec l'iniquité la plus tranchante quant aux Pays-Bas, à l'imitation sans doute de la diplomatie acerbe alors exercée par les autres puissances.

Or, on conçoit comment cette possession immémoriale de la victoire inspire d'énergie et de constance à une nation, qui, étant invaincue, se croit invincible. Et on doit entendre qu'un principe encore plus puissant, qu'un principe transcendant protége et défend l'Angleterre. Il n'y a pas de milieu, de moyen terme pour ce peuple dont l'aplomb repose sur l'équilibre le plus périlleux ; vaincre ou périr, c'est désormais la loi de ses destinées. Ce char triomphal, autour duquel se groupent à titre de rivaux ou à titre d'alliés tous les États de l'univers, si jamais le feu allumé par la rapidité du mouvement devait prendre à ses roues, serait consumé à l'instant même et n'offrirait plus qu'un énorme monceau de cendres.

L'Angleterre combat *pro aris et focis*, combat sous les bannières de la nécessité, tandis que ses adversaires sont à peine animés par quelque faux point d'honneur, par quelque vague lueur d'intérêt : et les forces morales s'accroissent en proportion de l'intensité des risques ; le désespoir est vainqueur-né dans les luttes de la politique.

Il est écrit que toutes ces vaines et folles guerres du continent contre les Iles Britanniques, aussi peu chanceuses dans l'avenir que par le passé, aboutiront constamment, d'une part, à des pertes sèches, de l'autre, à des succès lucratifs, et retarderont au lieu de la hâter cette époque où doit s'écrouler, avec un épouvantable fracas qui retentira par toute la terre, le géant d'Albion, en face duquel s'élèvent insensiblement, infailliblement, ces deux géans encore imberbes, les Etats-Unis et la Russie, que le doigt du Ciel marqua pour en avoir raison un jour venant, mais non pas à la gloire ni au profit de nos sociétés décrépites, dont l'envieuse impuissance semble invoquer un tel aide, et dont la haine déçue reconnaîtra trop tard qu'en mendiant des auxiliaires, elles se sont donné des maîtres.

Le litige est pendant devant la haute cour des destinées, entre le possessoire et le pétitoire : et les plaidoieries dissertent sur le juste et l'injuste, sans convenir de l'acception de ces mots, sans discerner leur sens relatif de leur sens absolu ; tandis que l'arrêt sera fondé sur les considérans du fort et du faible, sera évidemment favorable au parti qui croît, plutôt qu'au parti qui décroît avec le temps.

Et quel arrêt fulminant! Ici, qui fait passer les titres, les fortunes, les existences sous un niveau d'airain; là, qui lance les furies de l'envie, de l'ambition, de la cupidité, au milieu du chaos social. Des deux bords, une transaction provisoire, puis des transactions successives, peuvent seules garantir le salut; ce serait folie d'un côté, comme c'est sottise de l'autre, de ne pas s'y prêter.

Trop heureux, mille fois heureux les peuples, dont les passions sont si difficiles à concilier, lorsque leurs monarques usant du droit d'intervention, le plus beau des droits, viennent imposer la transaction aux partis ennemis, viennent octroyer la transaction à la société même.

Telle fut l'œuvre accomplie par Louis XVIII, et tel est l'essai tenté par don Pèdre dans deux royaumes où les circonstances étant différentes, les résultats ont dû être différens.

La charte de don Pèdre est entachée de trois vices accidentels, sans parler de ses défauts substantiels : elle tombe à l'improviste sur la tête d'un peuple, après qu'une tentative analogue a été repoussée avec horreur, avant que de longs déchiremens aient généralisé le besoin de la paix : elle est émanée d'un prince assis sur un trône étranger, qui gouverne une colonie devenue une rivale, qui conçut ou du moins reconnut la scission la plus douloureuse : elle est accusée d'avoir été dictée par une puissance alliée et amie, mais non pas suzeraine, mais non pas analogue en religion, en habitudes, en mœurs. Ces auspices ne sont pas favorables.

D'ailleurs, tout changement qui n'est pas désiré, qui n'est pas attendu, éprouve des résistances : et à l'égard des chartes représentatives, les opinions adverses étant inspirées par l'intérêt plutôt que par la justice, étant alarmées des conséquences plutôt qu'opposées au principe, se montrent d'autant plus ardentes, d'autant plus obstinées.

On ne voit pas comment des hommes de sens s'élèveraient contre le principe, long-temps observé en Europe, d'une conférence amicale entre les mandataires du peuple et les mandataires du prince; comment ils répugneraient à ce qu'une surveillance impartiale fût exercée à l'égard de la liberté des personnes, de l'emploi des deniers publics, de l'amélioration de la vie sociale, et même au sujet des déclarations de guerre : sans doute, le drame nouveau serait accueilli par des bravos unanimes, si trop souvent des scènes affreuses ne s'étaient passées à la suite, sur le théâtre et dans les coulisses.

Après la révolution d'Angleterre est survenue la révolution de France, qui d'abord modérée ou dissimulée, bientôt s'irrite, s'exalte, s'enivre; et après avoir arraché, avoir brisé la clef de la voûte, renverse l'édifice, disperse les matériaux, fait table rase, ne respectant ni le culte ni les moeurs, ni l'humanité ni la propriété. C'est cette image horrible, épouvantable, qui se présentant aux regards du clergé espagnol et portugais, égare et trouble ses esprits.

Dans son idée confuse s'allient, sans qu'il s'en doute, et des craintes religieuses et des craintes personnelles; craintes qui réagissent les unes sur les autres, qui s'aggravent mutuellement. Et la sagesse humaine n'oserait promettre des garanties sans terme, sous le rapport de la religion, ne peut annoncer que des garanties à court terme, sous le rapport de la fortune : seulement les deux termes sont à échéances différentes, justement comme les deux fins sont de prix différens. Qu'on y prenne garde, car en confondant les fins, les termes se confondraient aussi.

Or, ceci s'adresse surtout au clergé du Portugal, qui doit se rappeler, au milieu de la mêlée actuelle, que les premières insurrections ont échoué, qu'une grande partie de la noblesse suit les nouveaux drapeaux, que les contrées adonnées au commerce ou chargées de vignobles ne peuvent s'en détacher; enfin que l'Angleterre est là, l'Angleterre à la fois et depuis long-temps nourrice et tutrice du Portugal.

C'est dans cet état des choses que l'insurrection et l'intervention, l'une issue du flanc des montagnes, l'autre jaillie du sein des mers, vont se rencontrer face à face sur les bords du Tage, vont transiger sur le champ de bataille, peut-être sans aucun combat ou après quelques escarmouches; et il importe peu quelle armée aura remporté l'avantage, car en matière d'opinion, la force tranche et ne dénoue pas, la force comprime et n'écrase pas.

Toutefois la lutte aura agité, aura effrayé, aura avancé les esprits. Tant qu'un dessein se trame dans la tête où toutes les facultés travaillent en sa faveur, où nulle idée ne lui oppose résistance, tout va bien. La fable du *Pot au lait* est l'histoire de l'homme. Mais aussitôt qu'il est mis en exécution, une ère de chances alternatives s'ouvre, une série d'espoirs et de craintes, de succès et d'échecs se développe : c'est la véritable éducation, l'éducation des faits. Quel que soit le résultat, la mémoire conserve quelques traces du passé, transmet quelques leçons à l'avenir.

L'occasion est unique. Comme il advient souvent dans le conflit embrouillé des évènemens politiques, la folie aura labouré et semé à ses frais et risques, aura hâté la maturité des moissons, ne laissant à la raison que la peine de récolter.

Mais la raison doit, avant de régler la transaction, reconnaître où réside la puissance effective, la puissance permanente, afin de ne traiter qu'avec elle : et ces conditions ne se rencontrent pas dans l'insurrection armée, météore effervescent qui brille comme l'éclair et s'éteint de même. Il faut chercher ailleurs le noyau de force, le centre de gravité du Portugal. *

Ici des scrupules vont tourmenter certaines têtes. Le principe de la légitimité n'est point, comme on se l'imagine, exclusif aux royalistes. Les libéraux y tiennent aussi fortement peut-être, sauf qu'ils le rattachent à la souveraineté du peuple; les libéraux admettent le pouvoir de droit, en tant que dérivé de cette source, et repousent le pouvoir de fait, en tant que fondé sur d'autres bases.

Ils entendent bien en thèse abstraite que la paix doit être réglée avec la puissance, avec la force qui seule peut la rompre ou la maintenir. Ils entendent encore que la force réelle, effective, positive en Portugal comme en Espagne appartient au clergé, réside dans le clergé. Ils l'ont dit et redit mille fois; mais notez que c'était dans la vue d'exciter à détruire, à briser cette force; et notez aussi que ce ne sera jamais dans l'intention de traiter, de conclure avec une puissance qui leur semble illégitime. A cet égard, les royalistes les plus raffinés restent fort loin en arrière des libéraux.

Heureusement, M. Canning voit mieux et paraît disposé à s'entendre avec la puissance réelle, à contracter vis à vis du clergé, à transiger autant que besoin sera, engageant la parole de l'Angleterre, et sollicitant le concours, la garantie de la France.

Or, quel beau rôle échoit à la France! En Portugal, il s'agit surtout des intérêts de la religion et du clergé, qu'elle seule peut comprendre, qu'elle seule peut garantir; et l'Angleterre, avec sa toute-puissance matérielle, est inhabile, est inepte à régler ces points délicats qui tiennent à une conscience intime, dont les mouvemens lui sont tout-à-fait étrangers.

En même temps, il s'agit de fonder et de consolider en Espagne un ordre de choses, non pas identique, mais du moins analogue, un ordre de choses qui, sans s'astreindre à suivre les mêmes voies, tende et parvienne aux mêmes fins. Car ces deux peuples, bien qu'alliés par les mœurs et isolés d'intérêts, sont ennemis de naissance, se haïssent au seul titre de voisins, réagissent l'un sur l'autre, toujours pour se nuire, jamais pour se servir. Et la France tient l'Espagne comme en tutelle, droit qui lui fut conféré par le pacte de famille, qui est renforcé par le fait de l'occupation, qui n'est que trop justifié par l'anarchie intérieure et la nullité politique du pays.

Ainsi on sortirait de cette position, devenue si ridicule et prête à devenir si périlleuse, dans laquelle notre armée, depuis plus de trois ans, tient garnison en Espagne, protégeant un parti contre ses frayeurs, un autre contre ses dangers, et n'acquérant en retour, des deux bords, que la haine et la défiance, ne méritant au cabinet de France ni la gratitude, ni la déférence, enfin n'arrêtant point, au sein de la triste Espagne, les progrès de la discorde, de l'anarchie, de la misère, et n'y procurant à l'ordre social aucune amélioration, aucune fixité, qui sans doute auraient été plutôt obtenues par la moindre durée de l'occupation ou par un autre mode d'intervention.

Ainsi on entrerait dans les voies de la seule sorte d'intervention qui ait droit à s'attribuer ce titre, c'est-à-dire de l'intervention morale que commande, que légitime la nécessité de préserver la paix générale de l'Europe.

Et les peuples de l'Espagne et du Portugal, à l'exception d'un petit nombre de têtes perdues, auraient déja invoqué l'arbitrage de leurs puissans alliés, dont ils n'ont jamais reçu que des secours et des faveurs, dont ils ont tout à espérer et rien à craindre; s'il existait quelque moyen de recueillir et constater l'opinion réelle et positive des peuples, à laquelle se substitue également dans tous les systèmes politiques la volonté de quelque parti, souvent le plus faible en nombre, toujours le moins fondé en droit.

M. Canning, ce radical, ce perturbateur, cet Anglais pour tout dire, qui outrage la France, puisqu'il exalte son pays, qui n'aspire qu'à mettre le feu aux quatre coins de l'Europe, puisqu'il révèle les projets et les espoirs des incendiaires; M. Canning lui-même a posé et consacré les bases sur lesquelles peut être fondée la pacification de l'Espagne et du Portugal. Voici ses paroles :

Quant au Portugal : « L'Angleterre n'a point donné de conseil au sujet de la charte; il n'est point du devoir des ministres d'intervenir dans les transactions intérieures de ce pays ou de tout autre.... A l'égard de la charte, j'ai certainement une opinion formée; mais, comme ministre d'Angleterre, je dois dire seulement: Puisse le Ciel faire prospérer cet essai (*attempt*) d'une extension de liberté constitutionnelle, et puisse la nation se montrer capable de la recevoir et de la chérir! »

Quant à l'Espagne : « Je suis persuadé qu'il existe, dans la majorité du peuple espagnol, un amour du pouvoir arbitraire, une préférence pour les gouvernemens absolus, une haine indomptable contre les institutions libres.... C'est ma ferme croyance que la conséquence immédiate de la retraite des troupes françaises serait la mise en liberté d'un parti furieux, dont le parti plus faible en nombre serait la victime. »

M. Canning n'est donc point disposé ni à protéger la constitution du Portugal, ni à établir une constitution en Espagne; car, en se portant pour souteneur de la première, qu'il n'a point dictée et qu'il n'approuve pas, il craindrait trop que le peuple portugais ne lui prêtât pas son aide et n'en tirât aucun profit; car, en se chargeant de l'invention d'une charte pour l'Espagne, qui ne pourrait ni affaiblir, ni asservir ce pays, il ne douterait pas que l'Angleterre fût forcée d'y entretenir une armée, pour défendre le parti faible, pour dompter le parti nombreux.

Et M. Canning n'est parvenu à se former ainsi une opinion définitive sur ces deux royaumes qu'en observant les faits, en appréciant les données. M. Canning sait qu'en Portugal la répugnance ou l'insouciance, et en Espagne la haine indomptable (inconquérable) à l'égard des institutions libres, proviennent également de l'attachement à la religion, et plus encore de l'influence toute puissante du clergé. M. Canning sait, comme l'Irlande le prouve évidemment, que le clergé catholique, étant plus en relation, plus en autorité vis à vis des individus, se trouve en état d'exercer une domination presque absolue, et que son ascendant demeure immuable au sein des peuplades dont les mœurs sont encore simples, ne devant s'affaiblir et s'évanouir que devant cet esprit de licence et de confusion, conséquence nécessaire des crises sociales, dont il est effrayé lui-même en Angleterre, bien loin d'être tenté de la souffler en d'autres États.

Or, dans ces dispositions d'esprit, ce n'est pas de la part de M. Canning que s'élèveront les difficultés, quant à la solution du problème de la pacification des deux royaumes; solution qui ne doit pas être identique dans l'un et dans l'autre, car les données y sont différentes; solution qui ne peut être acquise que par des voies approximatives, tant les termes de l'équation sont multiples et variables; solution enfin qui sera suffisamment obtenue en se limitant à l'appréciation de l'inconnue relative au clergé, et sans dégager l'inconnue atienant à la noblesse, dont la valeur est presque insignifiante dans la péninsule.

L'éloignement des lieux, l'ignorance des faits existans et des chances actuelles de chaque parti, permettent à peine d'esquisser les lignes essentielles et fondamentales de ce grand œuvre.

Pour les deux Royaumes :

La religion catholique dominante;

La liberté domestique des autres cultes;
L'établissement légal de l'ordre du clergé;
La restauration des anciennes cortès;
Trois ordres : le clergé, la noblesse, les villes;
Leur convocation bisannuelle....
Leur concours à la législation;
L'initiative et la sanction au roi;
L'organisation des Etats de province;
L'administration libre des villes;
La répartition égale des impôts;
La formation d'une armée régulière;
La fondation d'un système de crédit.

A quoi il serait indispensable d'ajouter, pour l'Espagne, le sacrifice d'une portion de ses biens par le clergé, seule ressource qui puisse la relever de la misère et la préserver de l'anarchie au dedans, des outrages au dehors.

Tel est le devoir de la France et de l'Angleterre, le salut de l'Espagne et du Portugal, le sceau de la paix européenne.

Bientôt le clergé, institué en ordre et investi de puissance, se calme dans ses inquiétudes, s'attache aux destinées de l'Etat, se forme en fait de politique, se pénètre de patriotisme, se porte au devant de la nécessité.

La noblesse organisée de même, acquiert le sentiment de ses droits, aspire à s'élever à leur hauteur, prend un esprit d'émulation et un ton de dignité, sort enfin de l'état d'ignorance et d'apathie.

Les villes mises au rang des ordres de l'Etat, et contenues par le clergé et la noblesse, n'expriment que des vœux légitimes, ne travaillent qu'au bien général.

Et les cortès ainsi revivifiées, sorte de parlement qui diffère fort des chambres de France et d'Angleterre, exercent néanmoins les privilèges tutélaires dont celles-ci sont douées : le privilège d'éclairer et régulariser l'action du gouvernement; le privilège de rallier une grande majorité des peuples, de manière à prévenir ou à réprimer les tentatives de toute faction; le privilège enfin, et quel est l'homme qui n'en sent l'impérieuse nécessité, non pas d'entraîner, mais de maintenir le monarque dans une ligne fixe de direction, non pas de lui intimer les ordres de l'opinion, mais de le préserver des conseils de l'intrigue.

Sans doute une telle transaction rencontrerait des résistances. Les partis sont acharnés. On se hait d'homme à homme, on se hait purement et simplement, et la haine est intraitable. Qu'on lui soumette un projet quelconque, sans considérer nullement sa teneur, chaque parti ne tiendra qu'à un amendement, la destruction du parti adverse.

Mais quatre années d'occupation ont instruit peut-être. Tous les reproches accumulés sous ce rapport s'évanouissent ou se confondent en un seul point : il fallait, sans forcer la volonté de Ferdinand, l'inviter à fonder un ordre de choses sortable et durable; et en cas de refus, en cas de changement, il fallait rappeler l'armée. Car l'intervention, après l'avoir délivrée du joug des Cortès, n'était point tenue, comme par supplément, du service qui lui fut rendu, à s'asservir aux variations de système, à se charger d'une tâche impraticable, au prix des peines et risques des soldats français, qui, d'un moment à l'autre, peuvent être assaillis par un des partis.

Et cette fois; comme les périls s'accroissent, s'aggravent de jour en jour, comme des périls encore plus imminens proviennent des nouveaux évènemens de la péninsule, il faudra, s'il est impossible de s'entendre à l'amiable, dicter, imposer, contraindre et soutenir par la force les plans conçus par la sagesse; cette fois, il faudra se résoudre à vouloir les moyens, pour peu qu'on persiste à vouloir les fins.

Or, ces fins, ces moyens seront agréés et accueillis par l'Angleterre. L'Espagne et le Portugal, contrées adhérentes à la France et à l'Angleterre, parties intégrantes, pour ainsi dire, de l'une et de l'autre, membres si faibles de deux corps si puissans, présentent les seuls points vulnérables et irritables de leur existence politique. Et M. Canning le sent: il sent qu'une étincelle jetée en ces lieux lointains peut incendier le monde civilisé. « Si la guerre sort, s'écrie-t-il, des limites étroites de la péninsule, je crains que ce ne soit une guerre épouvantable (*tremendous*), une guerre non entre armées ennemies, mais entre opinions ennemies... Qui est-ce qui a jamais entendu parler d'une guerre de deux grandes puissances qui ait fini par l'obtention du simple objet, de l'objet identique pour lequel elle avait été commencée? »

Mais en considérant de quel travers se sont laissé frapper les esprits, on doit craindre mortellement que la France ne donne pas les mains à une transaction raisonnable.

Ce n'est pas le lieu de parler du point d'honneur, qui s'interprète trop souvent au caprice de l'idée ou au profit des passions, et qui maintenant se croit choqué et blessé par le vain souffle des paroles, sans comprendre que le violent coup des actes ait pu irriter un adversaire; du point d'honneur, dont le seul sens est indiqué par la foi due aux traités et par le tribut dû à l'humanité, ne s'exprimant en ce moment qu'en faveur de l'Espagne, au cas que l'Angleterre eût commis la première agression, en faveur de la Grèce, tant que les Turcs la tiendront sous la plus cruelle oppression.

Il importe plutôt de poser le doigt sur la plaie, de la sonder jusqu'au vif, de la mettre à découvert, sans s'affecter aucunement des cris de la douleur ou de la colère.

Depuis le déclin du règne de Louis-le-Grand, autant qu'il est permis de supposer que la direction des affaires de la France ait appartenu à la France, on peut observer que la politique de son cabinet, vis à vis de l'Angleterre, s'est constamment montrée en principe, dans ses motifs, une politique de haine, d'envie, de défiance, et par l'influence combinée de ces trois causes, a constamment abouti en résultat, quant à ses actes, à une politique de crainte, puisqu'il faut dire le mot.

Et la crainte poussée à un certain degré, trouble également la conscience et la raison, entraîne à violer les droits acquis, à compromettre ses propres intérêts. Ainsi en 1778, en pleine paix, le cabinet de France connive à l'insurrection des Etats-Unis, œuvre difficile et peut-être impossible à accomplir sans son aide : ainsi en 1823, en concours avec des sentimens de toute autre sorte, une idée instinctive travaille en silence les esprits et leur souffle la tentation d'enlever aux Anglais toute influence sur l'Espagne, puis sur le Portugal.

Dans ces deux occasions, à la place de l'ambition éteinte ce semble avec la gloire de Louis XIV, c'est une prévoyance inquiète, une prudence anticipée, dont les mécomptes ont été et sont plus que jamais sensibles, qui s'évertuent, non pas avec le dessein d'accroître la puissance de la France, mais seulement dans l'espoir de diminuer les forces de l'Angleterre.

La France s'aventure à prendre l'offensive, afin de s'assurer une meilleure défensive : la France, au lieu de se borner à la politique repressive, s'élance jusqu'à la politique préventive, ne s'apercevant pas que dans les transactions diplomatiques, comme dans les prescriptions civiles, il n'est point donné à la faible vue, au faible doigt de l'homme, d'exercer celle-ci avec quelque sécurité.

Or, cette fatale destinée, qui dès long-temps pèse sur la France, menace encore de jeter dans la balance de ses conseils un poids supérieur à ceux de la vraie sagesse et de la droite justice.

Vainement M. Canning a dit et redit, sans doute avec trop d'emphâse, que l'occupation de l'Espagne était onéreuse pour la France, et n'avait d'autre effet que de protéger le parti faible : vainement il s'est écrié que l'importance la plus exagérée avait été attachée, depuis les temps de la reine Anne, aux relations de la France et de l'Espagne.... Et que ces appréhensions exagérées ne s'étaient pas réalisées, même quand l'Espagne possédait le plus formidable pouvoir. »,

Vainement l'expérience nous apprend que l'alliance de l'Espagne ne peut qu'imposer des sacrifices sans promettre aucun secours, et la mémoire nous rappelle que, dans la guerre de 1778, la susceptibilité et sans doute l'inhabileté de cet auxiliaire avaient souvent contrarié les plans et entravé les efforts de la France.

Vainement encore le bon sens nous enseigne qu'avec la possession de Gibraltar, l'Angleterre n'a rien à craindre de l'Espagne, et que dans l'état misérable de ce pays, elle n'a rien à en attendre.

Et la conclusion manifeste qui ressort de ces faits, c'est, en premier lieu, que les Anglais sont disposés à abandonner l'Espagne à la France; en second lieu, que les Français n'ont aucun motif d'intérêt à dominer l'Espagne.

Mais il n'importe à la haine, à l'envie, à la défiance, passions louches qui voient les faits sous un faux jour, et ne saisissent que l'image renversée des objets; il n'importe à la crainte, affection honteuse, qui, en cherchant à se dissimuler à la conscience, réussit du moins à se soustraire aux influences de la raison.

Devant elles, rien ne compte, ne marque, ne pèse, ni les données palpables, ni les paroles solennelles, ni même les actes accomplis; et rien ne les embarrasse, ne les offusque, en fait d'extravagances, d'absurdités, de contradictions. Ecoutez plutôt.

L'Angleterre veut révolutionner l'Europe, veut

asservir l'Europe. — Et vous concevez comment la liberté qu'elle donnerait aux peuples réduirait les peuples sous son esclavage; comment la révolution française a été étouffée par elle à grands frais, justement pour susciter à grands risques une révolution européenne.

L'Angleterre imposa la charte portugaise, complote une charte espagnole. — Et vous entendez M. Canning, apparemment pour mieux cacher son jeu, exprimer ses doutes sur l'aptitude et la satisfaction des Portugais, parler hautement de la haine indomptable des Espagnols à l'égard des chartes.

L'Angleterre tient le Portugal sous ses chaînes, prépare des chaînes pour l'Espagne. — Et vous voyez, pour peu que vos yeux soient ouverts, que le Portugal, rameau enté sur la souche de l'Angleterre, en tire son existence sociale et politique, tandis que l'Angleterre compenserait largement la perte de son alliance par la saisie de ses colonies; vous voyez que l'Espagne n'apporte à la France que des charges et des périls, qui s'accroîtraient encore pour l'Angleterre, tandis que celle-ci, après avoir gardé la neutralité, afin d'être en droit de reconnaître l'Amérique, serait plutôt tentée d'attendre quelqu'occurrence diplomatique pour mettre la main sur Minorque et Cuba, sur les Canaries et les Philippines.

Mais il n'y a rien à dire : Ce sont des axiomes.

Axiomes auxquels l'exaltation de l'esprit royaliste et l'affectation des sentimens religieux, merveilleusement excitées et soutenues par l'intervention des puissances haineuses et ambitieuses, ont apposé leur ratification incommutable, et contre lesquels la voix qui oserait s'élever, dût-elle être armée de toute la force de l'évidence et douée de tous les caractères de la loyauté, dût-elle être altérée par la douleur, quand ses accens sont forcés de se détacher de tant de voix recommandables, serait néanmoins anathème ;

Axiomes empreints du sceau de la fatalité, par l'effet desquels l'Espagne et le Portugal ne seront point pacifiés à l'intérieur ni réconciliés entre eux ; et restant dans un état de troubles, entretiendront en Europe les causes intestines de troubles, passant à l'état de guerre, souffleront en Europe, sous les cendres qui le recouvrent mal, le feu de la guerre.

Axiomes par l'effet desquels, d'abord la France, puis toute l'Europe royaliste et catholique, entreront en hostilité, entameront le combat à outrance contre l'Angleterre et ses alliés ; amenant ainsi en Portugal l'acharnement des guerres civiles, et en Espagne l'extermination de la classe libérale, suivies de la privation de leurs colonies ;

préparant pour l'Italie entière, et bientôt pour une partie de l'Allemagne, bientôt pour la France même, car c'est le moment de ne rien céler, une révolution, cette fois irrévocable, irréconciliable, et contraignant enfin la société européenne, complètement dissoute, finalement désorganisée, à se jeter, à se précipiter au devant du joug d'airain, que forge en silence sous les pôles, ce formidable pouvoir, issu des entrailles de la terre et non de l'écume des mers.

Et alors peut-être, alors qu'après s'être bercé de vains rêves, il n'y aura plus qu'à subir, à endurer les tortures dégradantes de la réalité; peut-être les paroles, les conseils, les menaces, s'il plaît de parler ainsi, maintenant prononcés à titre de présages, et qui dans ces temps seront transformés en faits matériels, revenant à la mémoire, susciteront des regrets plutôt que des défiances, des douleurs plutôt que des haines; et, comme l'histoire nous le montre souvent, au lieu d'un torrent d'imprécations, vomi contre l'homme d'Etat qui voit de haut et au loin, mériteront à ses illustres mânes le plus juste tribut d'hommages et de respects (1).

---

(1) Voir le *Vrai sens des discours de M. Canning*, distribué aux deux Chambres.

TRADUCTION LITTÉRALE

Des principales variations entre le pamphlet et les journaux, à l'égard du discours de M. Canning. (Gallignani, *3 janvier 1827.*)

1er PASSAGE. — PAMPHLET.	1er PASSAGE. — JOURNAUX.
Je crains la guerre en raison de l'appréhension des épouvantables conséquences qui pourraient s'élever par suite des hostilités dans lesquelles nous pourrions être aujourd'hui engagés.	Je crains la guerre d'après la conviction intime du pouvoir formidable que possède la Grande-Bretagne, de pousser les hostilités dans lesquelles elle peut être engagée, jusqu'à des conséquences auxquelles je frissonne de penser.
2e PASSAGE. — PAMPHLET.	2e PASSAGE. — JOURNAUX.
C'était par la neutralité seulement que nous pouvions maintenir cette balance dont la conservation est, selon moi, essentielle à la prospérité du genre humain.	C'était dans la position de la neutralité que nous pouvions maintenir cette balance dont la conservation est, selon moi, essentielle à la paix et à la sûreté du monde.
3e PASSAGE. — PAMPHLET.	3e PASSAGE. — JOURNAUX.
Il est vrai que cette guerre	Je crains que la première

d'opinions est aujourd'hui confinée dans des limites étroites : mais c'est une guerre d'opinions que l'Espagne, soit comme gouvernement, soit comme nation fait maintenant contre le Portugal ; c'est une guerre qui a été commencée en haine des nouvelles institutions du Portugal. Or combien de temps est-il raisonnable de croire que le Portugal s'abstiendra de représailles ? Si l'Angleterre doit être forcée de prendre part à cette guerre, nous y prendrons part avec le désir le plus ardent et le plus sincère d'adoucir plutôt que d'exaspérer les esprits, et de nous mêler seulement dans le conflit des armes, mais non pas dans le conflit plus fatal des opinions. Mais je crains beaucoup que ce pays (quelques efforts qu'il fasse pour l'éviter) ne puisse, en pareille circonstance, éviter de voir se ranger sous ses drapeaux, tous les gens turbulens et mécontens de chaque nation avec laquelle il pourrait se trouver en conflit.

guerre qui s'allumera en Europe, si elle se répand au delà des bornes étroites de l'Espagne et du Portugal, ne soit une guerre du caractère le plus épouvantable (*tremendous*). Une guerre non-seulement d'armées contendantes, mais d'opinions contendantes. Je sais que, si l'Angleterre prend part à cette guerre (et si elle s'y engage, j'ai pleine confiance que ce sera avec le plus sincère désir d'adoucir plutôt que d'exaspérer les esprits et de combattre avec des armes plutôt qu'avec l'artillerie beaucoup plus fatale de l'effervescence populaire) elle verra se ranger sous ses bannières tous les gens mécontens et turbulens du siècle, tous ceux qui, justement ou injustement, ne sont pas satisfaits de la situation présente de leur pays.

4e PASSAGE. — PAMPHLET.

C'est la contemplation de ce nouveau pouvoir, dans toute guerre future, qui excite en moi

4e PASSAGE — JOURNAUX.

La conviction intime d'une telle position excite toutes mes craintes; car cela montre qu'il les plus vives appréhensions. Autre chose est d'avoir la force d'un géant, et autre chose d'en faire usage comme un géant. La conviction intime d'une telle force est indubitablement une source de confiance et de sécurité; mais dans la situation où se trouve l'Angleterre, il nous convient, non pas de chercher les occasions de la déployer, mais de nous borner à faire sentir à ceux qui des deux bords professent des doctrines violentes et exagérées, que ce n'est pas leur intérêt de convertir un arbitre en un adversaire.

existe un pouvoir dont la Grande-Bretagne peut faire usage, plus épouvantable qu'il n'en fut peut-être jamais encore mis en action dans l'histoire du genre humain. Mais, quoiqu'il puisse être excellent d'avoir un pouvoir de géant, il peut être tyrannique d'en user comme un géant. La connaissance que nous avons de posséder ce pouvoir, fait notre sécurité, et il nous convient non pas de chercher les occasions de le déployer, mais plutôt en le montrant partiellement et sous un demi-jour, de faire sentir qu'il est de l'intérêt des exagérés des deux côtés, de prendre garde de convertir leur arbitre en leur rival (*competitor*).

BIBLIOTHEQUE ROYALE

FIN.

www.ingramcontent.com/pod-product-compliance
Ingram Content Group UK Ltd.
Pitfield, Milton Keynes, MK11 3LW, UK
UKHW031958260826
14628UKWH00005B/2129

9 782019 130398